没用的知识又增加了

日本不思议现象研究会 著
[日] 吉竹伸介 绘　张悦 译

中信出版集团 | 北京

前言

　　如果一直盯着一个字看，就会疑惑"咦？这个字是长这样子吗？"……如果家庭作业是"把每个生字抄写两行"，写着写着，就会感觉汉字的偏旁和结构都变得乱七八糟了……这些令人不可思议的现象，你是不是也体验过呢？就算体验过，也很少有人知道这些现象的名字吧。或者说，应该有很多人都不知道，这些现象还有名字（前面提到的这个现象的名字，在第16页有介绍哟）。

我们身边有很多"经常出现"却叫不上名字的现象。不管是大人还是孩子，都有过"又是这样"的经历！

这本书就为大家介绍了这些不可思议的现象。学校里发生的事也好，外出时出现的现象也好，这里面肯定有大家经历过的。

这些现象的名字或许连大人都不知道，希望你尽可能多地记住一些，然后在遇到时把它讲给大人和朋友们听。如果遇到这本书里没有提到的，不妨试着自己查一查它的名字吧！

目录

第一章　学校篇

1. "不许看！"越这么说就越想看 · · · · · · · · · · · · · 2
2. 早起的时候爸爸会奖励零花钱，但只要给过一次，早起就变得无所谓了 · 4
3. 平时都会写的字，偏偏在考试的时候忘得一干二净 · · · · 6
4. 拿着铅笔的一端摇晃，铅笔看起来软绵绵的 · · · · · 8
5. 闹哄哄的教室瞬间安静，没有一个人说话 · · · · · · · · · 10
6. 运动会结束后，做什么的劲儿都没有了 · · · · · · · · · 12
7. 正想去学习的时候，父母说了一句"快去学习"，瞬间就不想学了 · 14
8. 一直写同一个字，写着写着就不知道这个字该怎么写了 · · · 16
9. 平时不爱发言的孩子，在公开课的时候举手却很积极 · · · 18
10. 如果老师夸你最近学习认真，成绩就会提高 · · · · · · · · 20
11. 安静的班会上，有人突然开了个玩笑，然后大家都开始说话了 · 22
12. 考试前一天，突然很想大扫除 · · · · · · · · · · · · 24
附加谜题 1 · 26

第二章　朋友篇

13. 对于讨厌的人，只能看到他令人讨厌的地方 · · · · · · · · 28
14. 有烦心事的时候，找朋友倾诉一下，心情马上就好了 · · · · 30
15. 在朋友家吃饼干，剩下最后一块谁都不会吃 · · · · · · · · 32
16. 自己很喜欢的博主，以为好朋友也会喜欢，结果不是这样 · · 34
17. 与幼儿园起就认识的朋友相比，得到新朋友的称赞更让人开心 · 36
18. 喜欢同一部动画片的人，马上就能成为好朋友 · · · · · · · 38

19. 不怎么感兴趣的人对你说了好几次喜欢你，你也会渐渐地喜欢对方 · 40
20. 看到平时很严肃的老师一脸温柔地带着小狗散步，会突然心动 · 42
附加谜题 2 · 44

第三章　家庭篇

21. 拿着小时候很珍惜的布偶，内心就能平静下来 · · · · · · · 46
22. 星座占卜的时候，即使错看成别的星座了，也觉得自己全中 · 48
23. 以为手机在响，结果只是错觉 · · · · · · · · · · · · · 50
24. 想见某个朋友的时候，即使没有提前约，也会碰巧在车站遇见 · 52
25. 除夕夜熬得再晚都不困，反而更精神 · · · · · · · · · · · 54
26. 看棒球比赛的时候，很想为输的那一方加油 · · · · · · · · 56
27. 老师或者电视上经常出现的名人说的话，会让人觉得是正确的 · 58
28. 家里的猫闻了袜子之后，露出奇怪的表情 · · · · · · · · · 60
29. 本来想过一会儿就去收拾房间，可随着时间一点点过去，又觉得好麻烦 · 62
30. 奶奶家日式房间的天花板上，木头的纹路看起来就像人的脸，好吓人 · 64
31. 和好久不见的亲戚见面时，他们总会说"一眨眼一年就过去了" · 66
32. 不擅长跑步的姐姐，看见蟑螂跑得比谁都快 · · · · · · · · 68
附加谜题 3 · 70

第四章　外出篇

33. 看见"限时供应"的点心，不知不觉就会买下来 ・・・・・ 72
34. 在停止运行的自动扶梯上走路，会有种奇怪的感觉・・・・ 74
35. 大家都有的游戏，自己也想要 ・・・・・・・・・・ 76
36. 某段音乐会在脑海里不断地播放，怎么也停不下来 ・・・・ 78
37. 一到书店就想上厕所 ・・・・・・・・・・・・・・ 80
38. 迷路的时候，就算周围再吵，也能清楚地听见父母的呼唤・・ 82
39. 已经下船好一会儿了，还是感觉像坐船一样摇摇晃晃的 ・・・ 84
40. 想要避开对面过来的人，有时却怎么也避不开 ・・・・・・ 86
41. 到了冬天，家里养的狗狗的鼻子颜色会变浅 ・・・・・・ 88
42. 天冷的时候游泳，牙齿会咔哒咔哒响 ・・・・・・・・・ 90
43. 露营的时候，阳光从林间的缝隙照下来，能看见光的通路 ・・ 92
44. 特意跑去买闪卡，种类非常丰富，结果却没买到 ・・・・・ 94
45. 总觉得游乐场和商场里的小丑有点吓人 ・・・・・・・・ 96
46. 做家务赚到的零花钱会特别珍惜，但压岁钱就会马上花掉 ・ 98
附加谜题4 ・・・・・・・・・・・・・・・・・・・・ 100

第五章　身体篇

47. 感冒的时候喝点蔬菜汁会觉得特别治愈 ・・・・・・・・ 102
48. 短跑快的人，长跑通常比较慢 ・・・・・・・・・・・ 104
49. 睡不着的夜晚，能在房间里听到"嘘——"的声音 ・・・・ 106
50. 用红笔写下"蓝色"，会有一瞬间不知道自己到底写的是啥 108
51. 一口气吃完刨冰会头疼 ・・・・・・・・・・・・・・ 110
52. 盯着游戏机画面看一会儿之后，会看不见远处的东西 ・・・ 112
53. 胳膊肘磕到桌子上，会麻酥酥的 ・・・・・・・・・・ 114
54. 困得迷迷糊糊的时候，身体突然抖一下就清醒了 ・・・・・ 116
55. 咬锡箔纸的时候，牙齿会痛 ・・・・・・・・・・・ 118
56. 左边的鼻塞治好了，右边的鼻子又开始堵了 ・・・・・・ 120

第一章
学校篇

没用的知识又增加了
1
"不许看!"越这么说就越想看

为什么?

这是卡里古拉效应

人们通常会本能地认为"自己的事情要自己决定"。所以,有人跟你说"不许做××"时,你反而会更加想去做。这种越是禁止就越想尝试的行为称为"卡里古拉效应"。

很久以前,有一部叫《卡里古拉》的电影,由于内容过激,刚一上映就被下线了。没想到,这反而激起大家的好奇并引发了热烈讨论,这部电影也因此大火。"卡里古拉效应"就是因为这一现象而得名。日本传统曲艺形式落语中的经典桥段"害怕馒头"也属于"卡里古拉效应"。

第一章 ● 学校篇

没用的知识专栏

在喜剧界,经常使用"不要做"来暗示"要做"的真实想法,这种段子就是对"卡里古拉效应"的灵活运用。

没用的知识又增加了

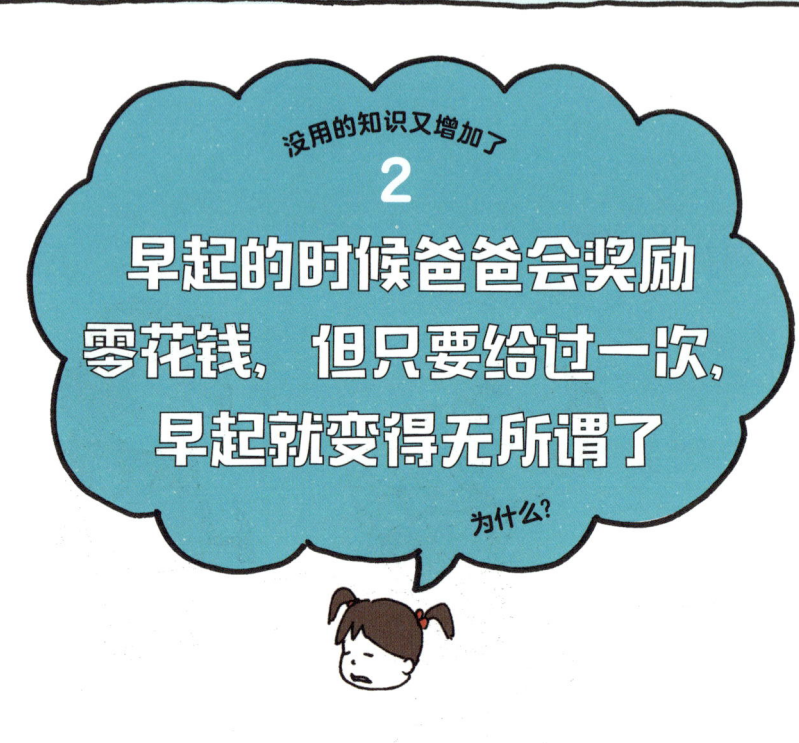

2

早起的时候爸爸会奖励零花钱,但只要给过一次,早起就变得无所谓了

为什么?

这是**破坏效应**

原本是自己想做的事情(内在动机),一旦变成了"被什么推动去做"(外部动机),就再也提不起干劲儿了。这种现象被称为"破坏效应"。如果奖励的不是金钱或物品,而是一句感谢或者称赞的话,就不太会引发这种现象。所以,如果右图这位父亲只是口头表扬了孩子(没给钱),效果或许会更好。

第一章 ● 学校篇

你能早起真了不起，
　　奖励你点零花钱。

没用的知识专栏

与"破坏效应"相反，用感谢或者对方期待的话作为奖励，以此激发干劲儿的现象被称为"增强（提高）效应"。

没用的知识又增加了

3

平时都会写的字，偏偏在考试的时候忘得一干二净

为什么？

这是TOT现象/舌尖效应

　　明明应该记得的事情，却怎么也想不起来，这种情况被称为"TOT现象"。其原因现在还不明了，但有人认为，掌握的词汇越多，在头脑中要搜索的词汇就越多，最后就越容易搜索失败。因此，比起孩子，大人有时更容易出现这种现象。要是在考试中出现这种情况，说不定恰恰是因为掌握的词汇太多了呢！

第一章 ● 学校篇

那个，应该是什么来着，
"游街示众"？

嗯……

难道不是
"无罪释放"吗？

没用的知识专栏

英语的"话到嘴边想不起来"表达为 Tip of the tongue，缩写为 TOT。Tip 就是指最前端，tongue 是舌头的意思。

没用的知识又增加了

4

拿着铅笔的一端摇晃，铅笔看起来软绵绵的

为什么？

这是橡皮铅笔错觉

学习的时候，我们可能会无意间拿起笔的一端晃动，这时笔看起来软绵绵的，这种现象叫橡皮铅笔错觉。这是由于铅笔两端的速度不一样，从而产生了视觉误差，实际上铅笔不可能是软的。慢慢摇晃更容易产生错觉，不过上课的时候这么做容易被老师批评，而且影响学习，还是课余时间再玩吧。

第一章 ● 学校篇

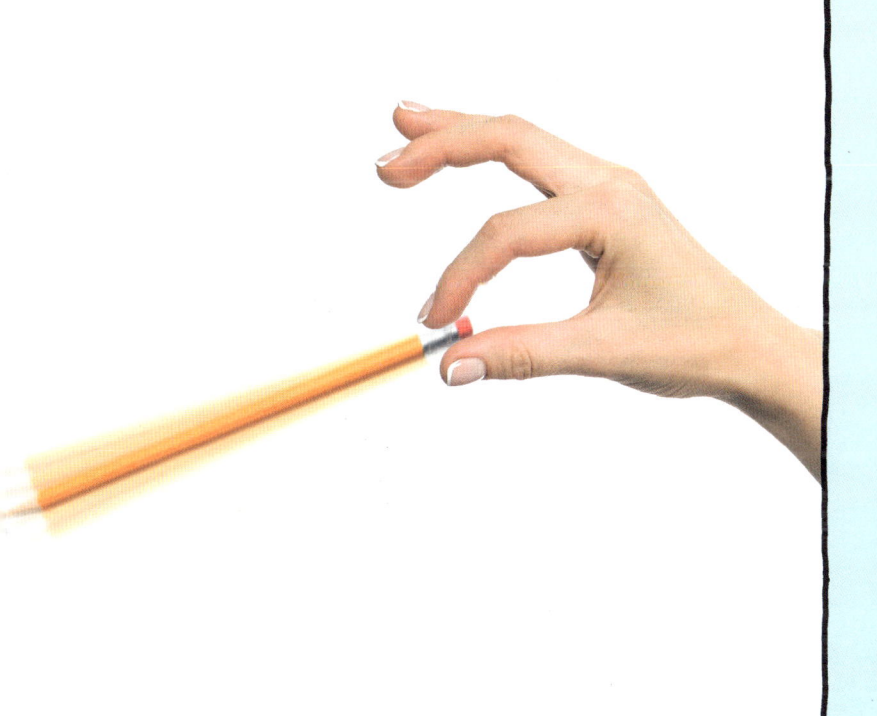

没用的知识专栏

有时，人们也会灵活运用视觉误差。例如，路边的限速标志，上面写着"40"或者"50"之类的数字，从近处看数字是变形的，但从行驶中的车里看就是正确的数字形状。

没用的知识又增加了

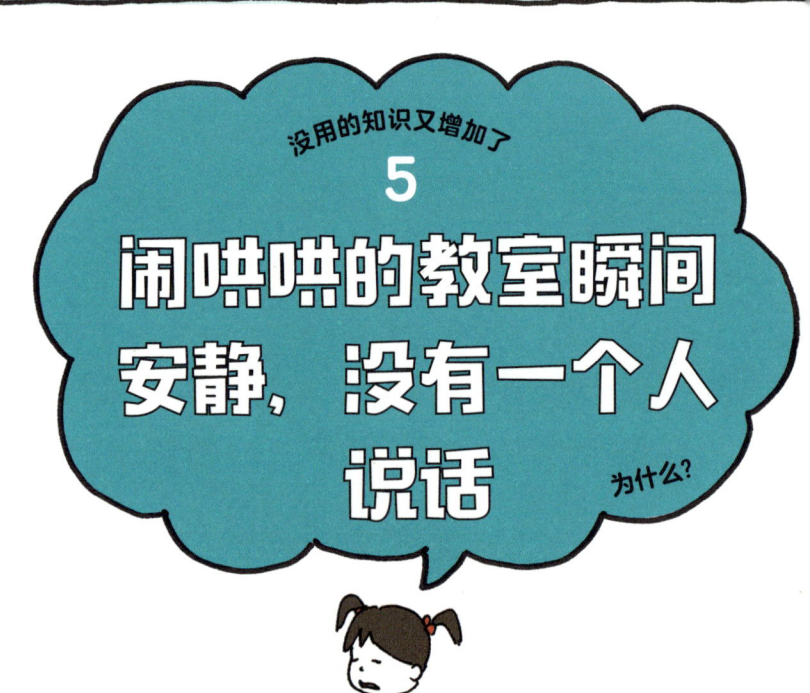

5

闹哄哄的教室瞬间安静，没有一个人说话

为什么？

这是"有天使经过"

大家正聊得起劲儿，突然一下子就安静了，这一现象叫作"有天使经过"。说起来，这个说法还是法国的谚语呢。相传，这一说法最早出现在法国修女开办的寄宿制女子学校，是女学生们为打破突然而来的沉默所说的话，几经流传，已经无法考证正确的源头了。至于这种现象发生的原因，现在只能认为是一种"偶然"。知道真相的，估计只有天使本人了。

第一章 ● 学校篇

咦?

刚刚有天使经过了?

诶?
天使吗……

> 没用的知识专栏

关于这一现象,日本还有"妖怪经过""神仙经过""魔女经过""大佛经过""鬼怪出现"等引申说法。

没用的知识又增加了 6

运动会结束后，做什么的劲儿都没有了

为什么？

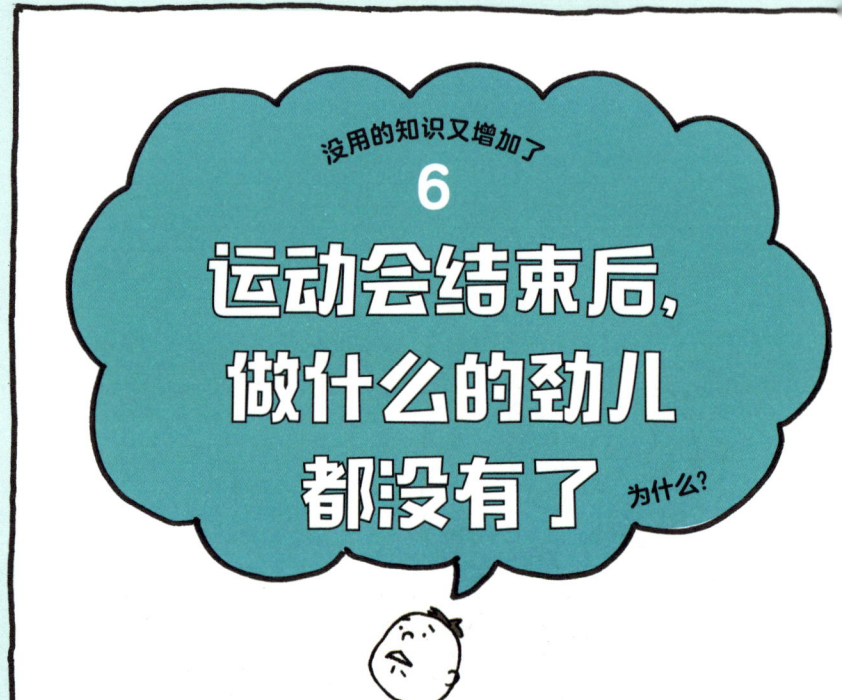

这是**身心耗竭综合征**

　　运动会上消耗了非常多的能量，因此人体的专注力和欲望都降到了低谷，这是"身心耗竭综合征"的特征之一。练习投入，耐性好，完美主义者，责任心强……这样的人往往容易"患上"身心耗竭综合征。身体、心灵都很可能会发出"好累呀，稍微休息一下吧"这样的求救信号。这时，就请泡个澡，美美地睡一觉吧，总之，先消除疲劳再说。

第一章 ● 学校篇

好累呀，
　　好像患上了
　　　　身心耗竭综合征……

没用的知识专栏

要想远离身心耗竭综合征，就要设定新目标，积极鼓励自己，即使只是做成一件小事，也要对自己说"我可真努力呀"，这些都非常重要。

没用的知识又增加了

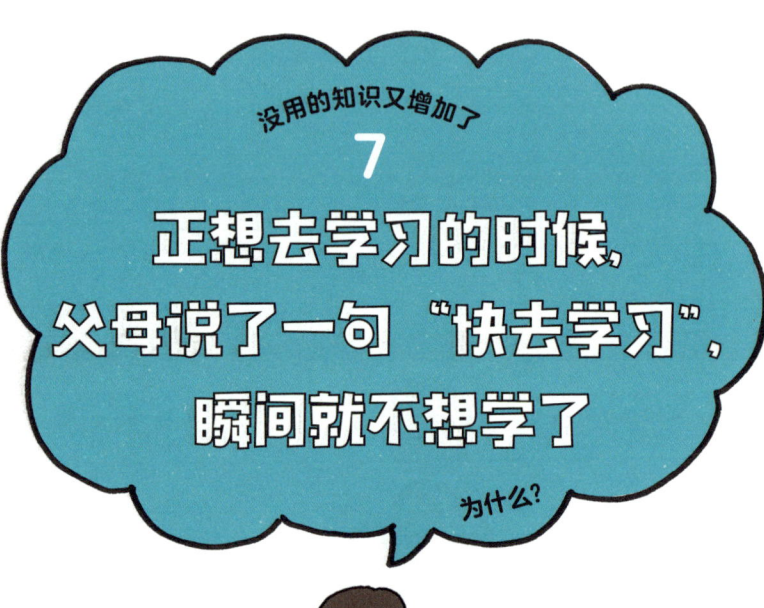

7

正想去学习的时候，父母说了一句"快去学习"，瞬间就不想学了

为什么？

这是飞镖效应

　　游戏玩腻了，正准备去好好学习时，如果听到父母说："差不多了，快去学习吧！"瞬间就没有学习的劲头了。这样的经历，我估计大家都有过。这种现象在心理学上被称为"飞镖效应"，即当别人提出跟自己一样的想法时，反而会使人改变主意，朝与之相反的方向行动。要解决这个问题，好像只能在别人说之前开始学习。

第一章 ● 学校篇

要是说：
"绝对不要学习！"
会不会反而努力学习呢……

没用的知识专栏

之所以会出现这样的情绪，是因为说"快去学习"的一方和被要求的一方立场是相对的。所以，只要父母说了"快去学习"，自己就可能产生一些逆反心理。

没用的知识又增加了

8

一直写同一个字，写着写着就不知道这个字该怎么写了

为什么?

这是完形崩坏

在抄写汉字的时候，如果一直写同一个字，写着写着就不知道自己写的字到底对不对了。这种现象叫作"完形崩坏"。原因是，如果一直盯着一个字看，大脑就会无法识别这个字形。而且，不只是汉字，一直盯着某个花纹或者记号也会有这种情况。不过这都是暂时的，不用太担心。

第一章 ● 学校篇

那个，我的名字……
是这么写的吗？

这个嘛……

没用的知识专栏

在抄写汉字的时候经常会发生"完形崩坏"。实际上，日语中的"を""み"等平假名也经常出现这种情况。

没用的知识又增加了

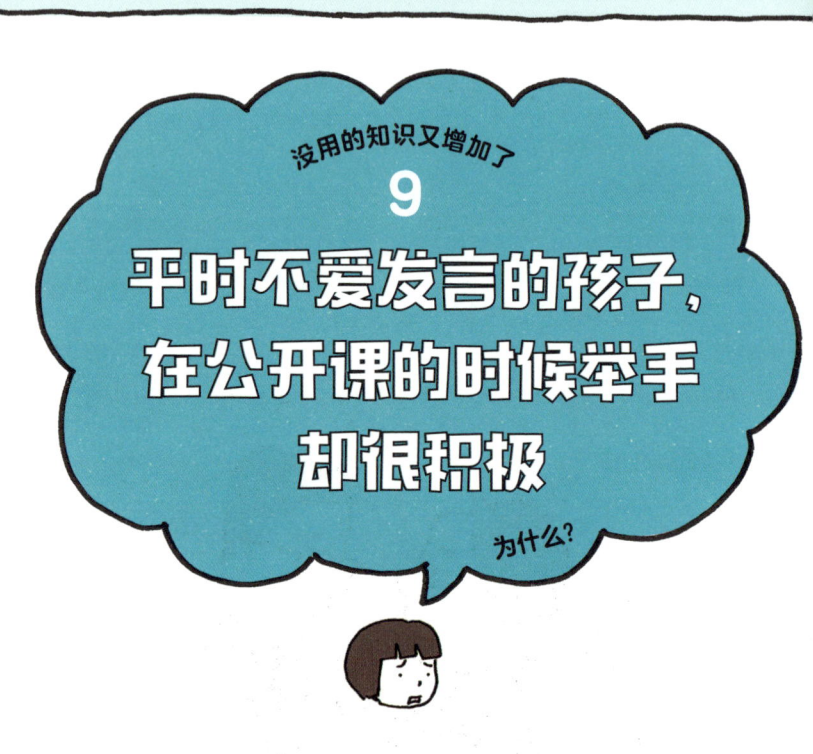

9

平时不爱发言的孩子，在公开课的时候举手却很积极

为什么？

这是观察者效应

　　有些人在受到关注的时候，干劲儿和能力都会提升，这种现象被称为"观察者效应"。在体育比赛中，要是有人为运动员加油，运动员不仅会因为这些鼓励而开心，还会变得更有冲劲儿。在学校运动会上，要是有班集体的加油，同学们一般都会超常发挥，所以不要偷懒，使劲儿为大家加油吧！当然，你也会因为别人的加油声而努力，所以就更要为别人加油了。

第一章 ● 学校篇

从未有过的光景……

我！ 我！ 我！

没用的知识专栏

自习课上，老师在的时候学生学得特别认真，老师一走立马就开始偷懒了，这也跟"观察者效应"有关系。因此，老师在和不在，学生的行为是不一样的。

没用的知识又增加了

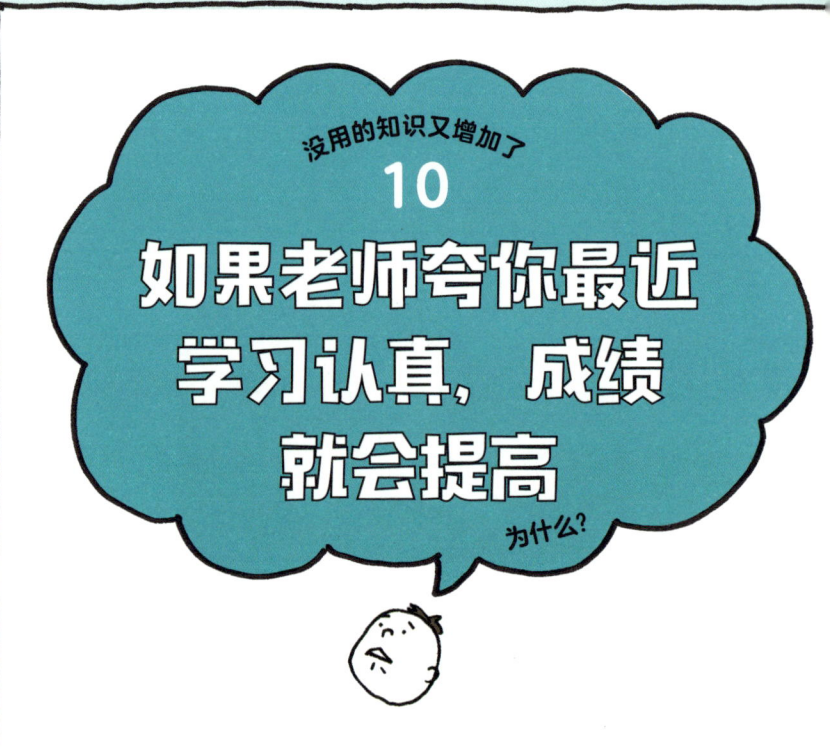

10
如果老师夸你最近学习认真，成绩就会提高

为什么?

这是 皮格马利翁效应/罗森塔尔效应

　　心理学家罗森塔尔在学校进行过一项实验，发现老师打心底里寄予厚望的学生，学习成绩更容易提高。这被称为"皮格马利翁效应"。

　　这个词来源于希腊神话故事，有个叫皮格马利翁的国王向神真诚祈祷，希望他所雕刻的女性能变成真人……结果如他所愿。期待和赞美能产生奇迹。在批评声中学习的学生和在表扬声中学习的学生，学习的劲头肯定是不一样的。

第一章 ● 学校篇

没用的知识专栏

与皮格马利翁效应相反,如果一个人感受不到别人的期待,且长期听到负面的话语,就会导致他的成绩越来越差,这被称为戈莱姆效应(心理学中的一种消极期望效应)。

没用的知识又增加了

11

安静的班会上，有人突然开了个玩笑，然后大家都开始说话了

为什么？

这是 心理安全感

班会上没人发言，气氛变得非常安静的时候，老师要是说一句无关紧要的玩笑话，瞬间，大家都开始说话了。这在心理学上被称为"心理安全感"，这种安全感会让大家觉得即使说了无关的话也不会被骂，所以就能营造出一种轻松的发言氛围。所谓"心理安全感"，是指能大方地说出自己的想法，并能采取行动的状态，这对学习也有积极的影响。

第一章 ● 学校篇

最近跟我穿一样
衣服的人很多啊。

没用的知识专栏

"心理安全感"是组织行为学家埃德蒙森提出的概念,指的是"没有被团队成员指责的不安感,能够放心表达自己意见的状态"。

没用的知识又增加了

12

考试前一天，突然很想大扫除

为什么？

这是自我妨碍/自我设限

在为考试做准备的那几天，父母明明没有让你打扫房间，但不知道为什么突然就很想打扫房间。这种行为模式被称为"自我妨碍"。因为这样做的话，就算考试成绩不理想，到时候也可以把打扫卫生当作借口，为自己开脱。确实，要是肯定能拿 100 分，你也不会想着在考试前一天打扫卫生的。

第一章 ● 学校篇

想要打扫房间，
还想去旅行！
想亲眼去看看这个世界！！

就是说，
除了准备考试，
做什么都好呗？

没用的知识专栏

所谓"妨碍"，就是指相比较来说，对自己不利的条件。"自我"指的就是"自己、自身"，所以"自我妨碍"就是自己给自己制造不利条件。

附加谜题 1

根据名字猜猜这是什么现象吧!

Q1
时停错觉

提示

和钟表有关的现象

A 偶然瞥见钟表的秒针，秒针好像停住了

当我们偶然看见了一眼秒针，会感觉针好像停止了，这种现象被称为时停错觉。这是因为，你其实是长时间盯着"哪？1秒有这么长吗？"之类的问题。发育因为我的确认眼睛是暂时的停止运动是一名的关系。

Q2
林格尔曼效应

提示

在抬神轿的时候经常发生

A 在大家齐心协力做直重的时候会有人偷懒

在祭神、节日的时候经常能看到的抬神轿。信众将神明请出神殿的身边以外出的力量变得事件的事，来你这样，只出多少力的事件也他们的现象就叫做"林格尔曼效应"。

26

第二章
朋友篇

没用的知识又增加了

13

对于讨厌的人，只能看到他令人讨厌的地方

为什么?

这是确认偏误/证实偏差

　　人类在思考问题时，通常会有"确认偏误"这样的习惯。所谓"偏误"，就是"不公平、不客观的认知或信息"，我们往往会在不知不觉中关注到符合自己心意的事情，而忽视不合自己心意的事情。但是，就算是令人讨厌的人，也不可能完全没有可取之处。有意识地用公正的眼光去看待的话，也许你们还能成为朋友呢。

第二章 ● 朋友篇

我老公虽然偶尔帮忙做做家务，可是做得毛毛糙糙的，更让人心烦。

我懂你。

没用的知识专栏

做错事的时候，如果是被喜欢的老师批评就能认可并接受，可要是讨厌的老师，就总想反驳几句……这就是"确认偏误"。

没用的知识又增加了

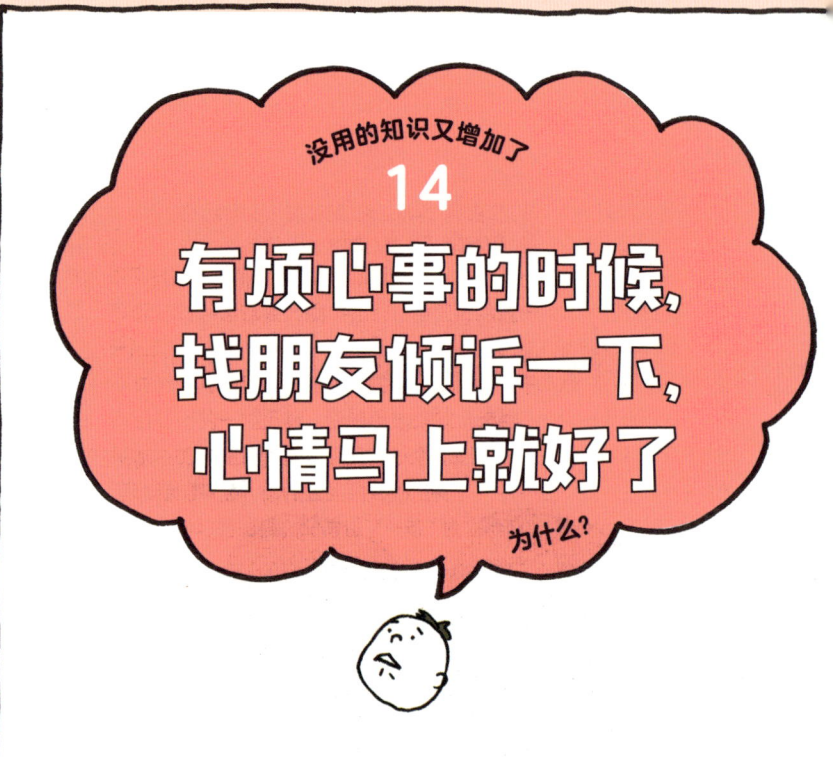

14

有烦心事的时候,找朋友倾诉一下,心情马上就好了

为什么?

这是**精神宣泄效果**

　　遇到不开心的事,你会认为"告诉别人也没什么用",然后自己默默承受吗?其实可以把烦恼说给朋友听,很多时候只要说出来,就能轻松不少。这种现象叫作"精神宣泄效果",说法来源于拉丁语 katharsis 一词,意思是"情感的净化、宣泄"。精神科医生也会通过倾听咨询者的焦虑和不安,让咨询者达到"精神宣泄的效果"。

第二章 ● 朋友篇

进行

"精神宣泄"的我。

没用的知识专栏

很多研究者都认为"发泄愤怒并不能得到精神宣泄的效果"。重要的是"说"出自己心里的话,而不是吵架。

没用的知识又增加了

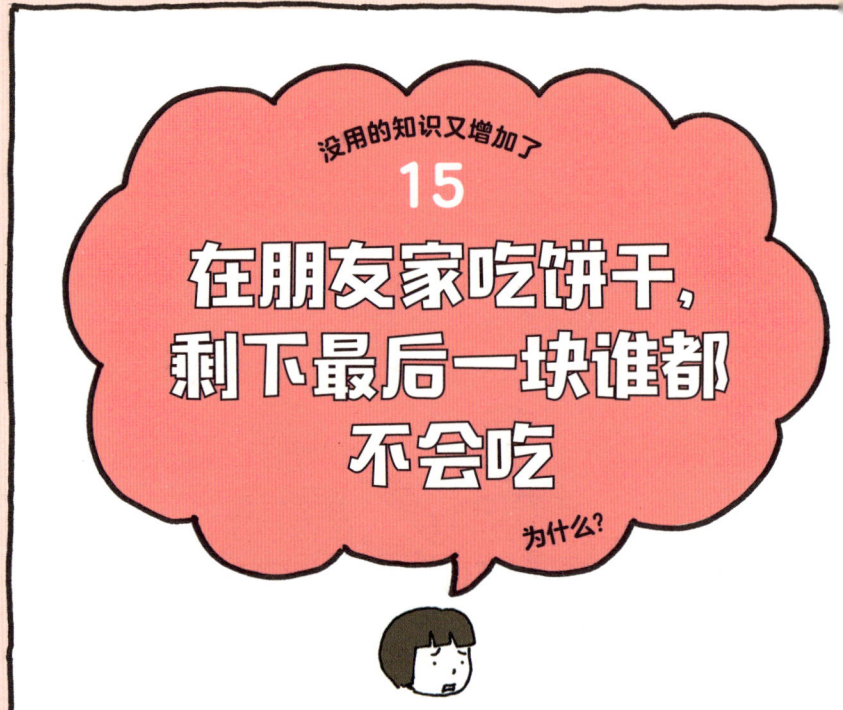

15

在朋友家吃饼干，剩下最后一块谁都不会吃

为什么？

这是过度客气

许多人一起吃东西，盘子里的食物总会剩下一个，日本关西地区将这种现象称为"过度客气"。但具体是什么时候开始这么说的，暂时还不清楚。关西人认为这剩下的最后一个，就是"大家都很客气的结果"。因为大家都很在意别人对自己的看法，都会想"要是把这个吃了，大家会怎么想呢"。这时候你要是果断地把它吃掉的话，说不定大家还会感谢你呢。

第二章 朋友篇

…… …… ……还是你请。

没用的知识专栏

在日语中和这个词意思相同的，还有"关东地区剩下一个"。有说法认为关东地区有很多爱慕虚荣的人，所以才会这么说，但到底是真是假还是个谜。

没用的知识又增加了

16

自己很喜欢的博主，以为好朋友也会喜欢，结果不是这样

为什么？

这是**错误共识效应**

以为自己喜欢的东西大家都喜欢，这种现象称为"错误共识（虚假普遍性）效应"。通常，关系好的朋友之间更容易产生这种效应。但就算是关系很好的朋友，也不一定和自己的想法完全相同。在擅自断定"朋友一定也是这么想的"之前，认真确认一下朋友的想法，说不定能加深友情哟。

第二章 ● 朋友篇

时间就这样停止
该多好啊!

只有你
一个人停止?

没用的知识专栏

与"错误共识效应"相反,认为自己是"少数派""和别人不一样"的现象被称为"错误独特(虚假独特性)效应"。

没用的知识又增加了

17

与幼儿园起就认识的朋友相比，得到新朋友的称赞更让人开心

为什么？

这是**阿伦森效应**

得到不太熟悉的人的称赞，我们似乎会更开心。发现这种心理活动的是社会心理学家阿伦森，因此这种现象被称为"阿伦森效应"。如果你想和刚认识的人成为好朋友，捷径就是先夸赞对方。而且，对于一直都相处不好的朋友，也可以试试这个办法，说不定关系就能变好呢。

第二章 ● 朋友篇

没用的知识专栏

　　要是实在找不到对方身上可以夸奖的地方，称赞对方的物品或者对方的家人也是很有用的呢。

没用的知识又增加了

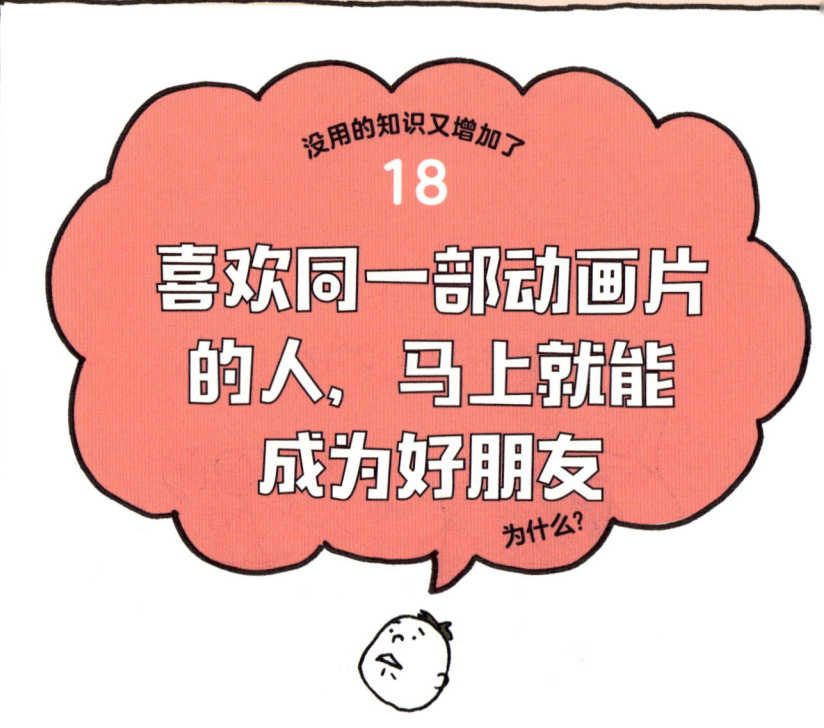

18

喜欢同一部动画片的人，马上就能成为好朋友

为什么？

这是**相似性效应**

人们通常会喜欢和自己有相似之处的人，比如兴趣爱好相同的人会更容易成为好朋友。这在心理学上称为"相似性效应"。相同点越多，这种效果就越明显。这是因为，人们在和与自己有很多相似之处的人交往时，能够增加"自我正确"的信念感。因此，要是想结交更多好朋友，在聊天时先找找你们之间的共同点吧。

第二章 ● 朋友篇

> 那个动漫,你也喜欢?
>
> 我也喜欢!我们真合得来啊!

友情

没用的知识专栏

　　对自己非常有信心的人,有时会要求对方和自己不一样(不相似性)。这是因为,这些差别能满足他们的自尊心。

没用的知识又增加了

19
不怎么感兴趣的人对你说了好几次喜欢你，你也会渐渐地喜欢对方

为什么？

这是**好意回报心理**

  如果一个意料之外的人对你表达好感，你可能会渐渐喜欢上那个人……这是一种名为"好意回报"的心理现象，即想要回报对方给予的好意。除了恋爱，对朋友表达喜爱，也更容易增进友谊。如果别人为你做了什么，你就会想要"回报"，会想为对方也做点什么，这是人与生俱来的一种心理规律。

第二章 ● 朋友篇

虽然我每天都说了喜欢,
可是从来没有得到回应。

哦,是吗?

没用的知识专栏

要想有效地利用好意回报这一规律,最好把它和"阿伦森效应"结合起来。也就是说,认识之后最好不要耽搁太久,尽快向对方表达心意。

没用的知识又增加了

20

看到平时很严肃的老师一脸温柔地带着小狗散步,会突然心动

为什么?

这是**增益损失效应**

一个性情温柔的人用温和的态度对待别人,我们通常不会多想什么,但要是平时冷冰冰的人突然变温柔了,就会让人很喜欢。这种现象被称为"增益损失效应",原本是指"增益效应"和"损失效应"两者的总和。"好的一面"和"坏的一面"反差越大,对心情的影响就越大。就像印象中严肃的老师突然变得温柔了,就会感觉他"特别的好"。

第二章 ● 朋友篇

前辈……
你没有"很温柔"的
那一面吗?

啊?

赶快工作!

没用的知识专栏

如果为了制造"增益损失效应",而做出会让第一印象变差的行为是不行的。这是因为,对于第一印象很差的人,我们通常不想和他有下次的交流。

附加谜题 2

根据名字猜猜这是什么现象吧!

Q3
拉姆斯登现象

提示
这是某种饮品加热时产生的现象。

A 牛奶加热一会儿,derm部就会形成一层膜。

加热后的牛奶放置一会儿,表面的水分会蒸发,脂肪和蛋白质等成分会凝固成一层膜。这就叫"拉姆斯登现象"。顺便说一下,如果牛奶的温度不到 40 摄氏度的话,就不会形成膜。

Q4
眼前的暗黑感

提示
眼前突然黑了一下,是怎么回事?

A 那就是头晕啊!

头晕分很多种,这种眼前发黑的头晕称为"脑贫血"。是因为脑部的各个角落没有充足的血液供给,这是由于人们从蹲坐的姿势突然起身引起的,又称体位性低血压。

第三章
家庭篇

没用的知识又增加了

21
拿着小时候很珍惜的布偶，内心就能平静下来

为什么?

这是**安全毯现象**

在给两三岁的孩子断奶时，会在他们身边放一个洋娃娃或者毛毯来代替妈妈，这样他们就会感到安心。这在心理学上被称为"安全毯现象"，是指通过某些物品来缓解环境变化带来的焦虑不安。"安全毯"是孩子"独立的开始"。就算小学毕业还离不开它也没关系，不用担心，这不是病。

第三章 ● 家庭篇

不管是谁，

　　都有对自己来说重要的东西哟！

> 没用的知识专栏

在美国漫画《史努比》中，莱纳斯总是拖着毯子，所以安全毯也被称为"莱纳斯的毯子"。

47

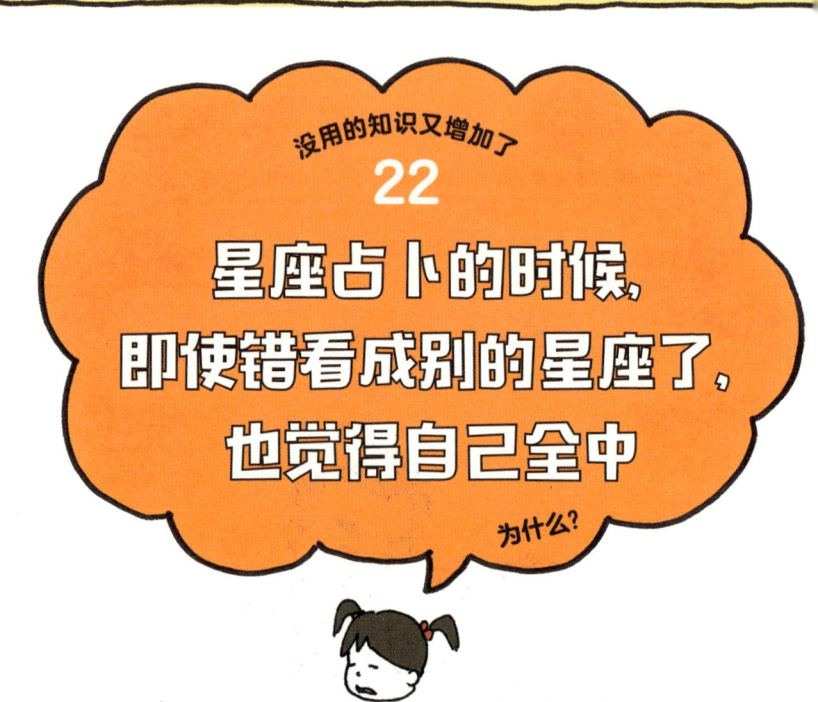

没用的知识又增加了
22
星座占卜的时候，即使错看成别的星座了，也觉得自己全中

为什么？

这是**巴纳姆效应**

在占卜的时候，人们会觉得那些放之四海而皆准的性格描述只适用于自己，这在心理学中被称为"巴纳姆效应"。这个名字源自19世纪的马戏演员巴纳姆，他被称为"马戏之王"，他曾说过"我的表演包含了每个人都喜欢的东西"。所以在占卜的时候，或许应该这么想："虽然感觉他说得很对，但也许是巴纳姆效应在作祟。"

第三章 ● 家庭篇

你是个容易感到寂寞的人,
把眼镜摘掉也是个大美人吧?

真厉害!
说得全对!

没用的知识专栏

"巴纳姆效应"也称为"福勒效应",这是以进行这项实验的美国心理学家伯特伦·福勒的名字命名的。

没用的知识又增加了

23

以为手机在响，结果只是错觉

为什么？

这是**幻觉震动综合征**

这种让人有点尴尬的现象有个很酷的名字，叫"幻觉震动综合征"。平时越是在意手机来电的人，对震动就越敏感，手机稍微有点震动，就误以为有电话来了。这时候，用一句"我这是幻觉震动综合征……"就能很时髦地掩饰过去，推荐！

第三章 ● 家庭篇

喂,你刚刚给我打电话了吗?

没打,以后也不会打。

没用的知识专栏

首次提及"幻觉震动综合征"相关概念的,是加拿大的网络研发者斯蒂芬·加里蒂。

没用的知识又增加了
24
想见某个朋友的时候，即使没有提前约，也会碰巧在车站遇见

为什么?

这是**共时性**

真是太巧了。"想见朋友了""有事要去车站""朋友也在车站"，本来没有关系的几件事同时发生，心理学家荣格将之称为"共时性（有某种意义的偶然）"。也就是说，如果能从偶然中找到某种意义，那就是"共时性"，如果找不到，那就是"单纯的偶然"。偶然遇见了刚好想见的朋友，那就是"共时性"。

第三章 ● 家庭篇

你刚才一定在想
我会不会给你打电话，
对吗？

> 不要再打过来了！我说真的！

没用的知识专栏

正想着"今晚好想吃咖喱啊"，回到家就发现晚饭有咖喱；给朋友买的生日礼物刚好看到有人戴着同款……这些都是"共时性"。

没用的知识又增加了

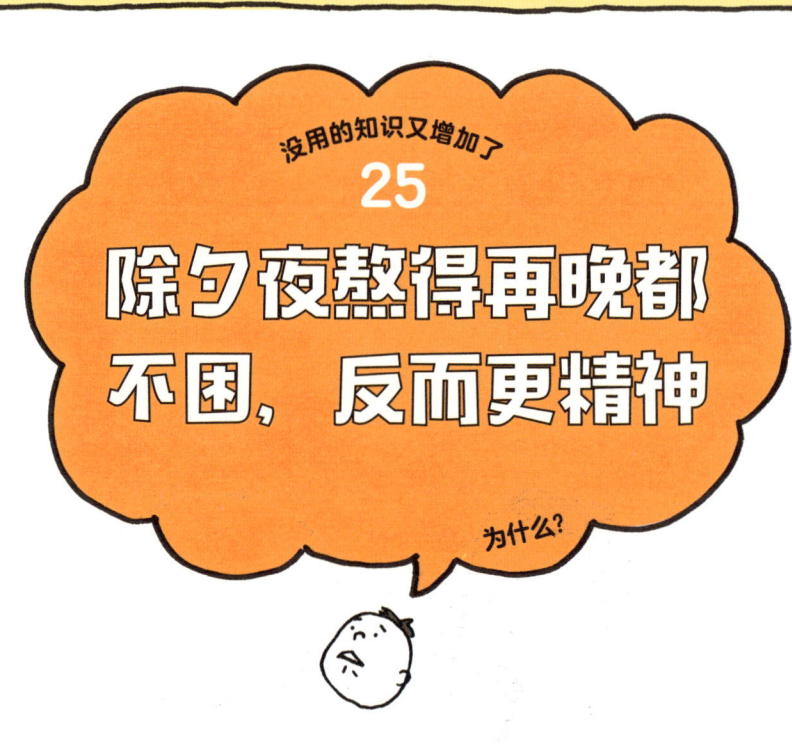

25

除夕夜熬得再晚都不困，反而更精神

为什么?

这是**自然的快感**

　　熬夜的时候不仅不困，反而感觉非常精神。这种状态被称为"自然的快感"。为了消除身体的疲劳，大脑会释放大量的兴奋物质——多巴胺和肾上腺素，让人不容易产生睡意。等"自然的快感"过去之后，疲惫和睡意瞬间袭来，身体可能一动也不想动了，所以熬夜也要适可而止啊……

第三章 ● 家庭篇

都这个点儿了，
还一点都不困！
呀——嗬——！

没用的知识专栏

"自然的快感"是由 natural（自然的状态）和 high（兴奋）组成的日式英语。

没用的知识又增加了
26

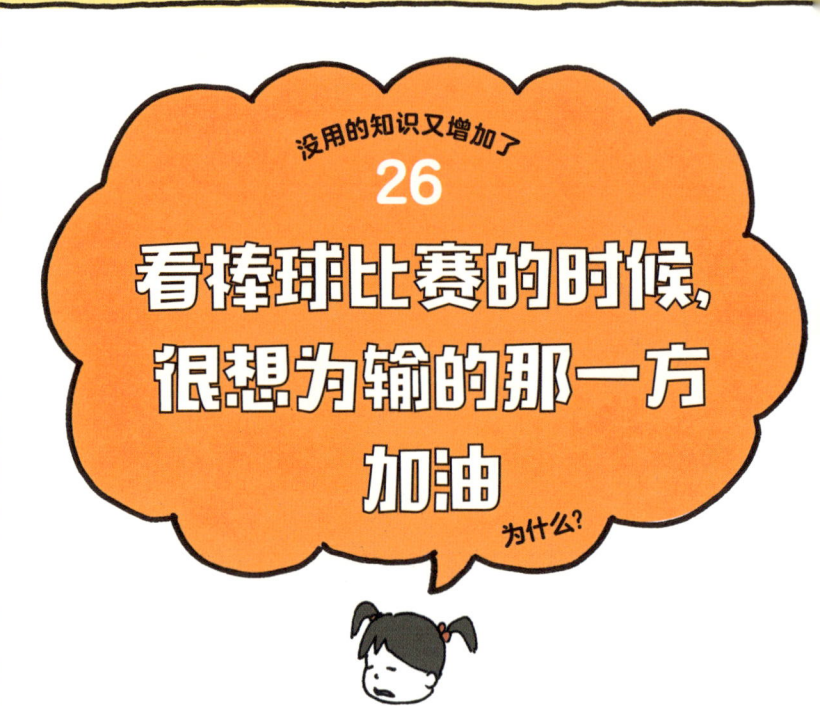

看棒球比赛的时候，很想为输的那一方加油

为什么?

这是**劣势者效应**

在看体育比赛的时候，有时会不自觉地支持失败的一方，而不是胜利的一方。这是一种被称为"劣势者效应"的心理状态，日本人在这一方面表现得特别强烈。但是，"单纯地弱"是不会产生这种效果的。只有看到输的一方的选手"很努力""很拼命"的样子，才会想要为其加油。

第三章 ● 家庭篇

> 无论如何都要装出很拼命的样子，这样才能得到大家的支持。

没用的知识专栏

日语中有个词叫"判官赑屃（bì xì）"，指的也是这种现象。"判官"是指源义经，他被兄长源赖朝追杀，人们创作了很多同情他悲惨遭遇的故事。

没用的知识又增加了

27

老师或者电视上经常出现的名人说的话，会让人觉得是正确的

为什么?

这是**权威主义人格**

有些人总是认为名人说的话都是对的，这种性格被称为"权威主义人格"。一般来说，立场不坚定的人容易受到这种性格的影响，他们最大的问题是从不"独立思考"，一味地顺从于大人物。但是，"大人物说的话真的是正确的吗？""大人物怎么说就怎么做，真的没问题吗？"，试着思考一下这些问题吧。

第三章 ● 家庭篇

部长，
我会狠狠教训那个
闹哄哄的小鬼的。

那是我儿子。

> **没用的知识专栏**

"权威主义人格"是精神分析学家、社会心理学家埃里希·弗洛姆提出的概念。

59

没用的知识又增加了
28
家里的猫闻了袜子之后，露出奇怪的表情

为什么？

这是**裂唇嗅反应**

动物不会面无表情地笑，但是猫之类的动物有时会咧开嘴做出类似打喷嚏那样奇怪的表情。这是因为，动物的雅克布逊器官[1]需要识别周围的"信息素"，也就是同种动物之间传递信息的气味。这种现象被称为"裂唇嗅反应"。人的汗水中也有类似信息素的成分，所以猫才会在闻了袜子之后有那样的反应吧。

[1] 注：雅克布逊器官亦称锄鼻器，它的作用在于帮助那些伸缩舌头的爬虫类动物采集周围环境或猎物的气味。猫的雅克布逊器官位于口腔内的上腭。

第三章 ● 家庭篇

没用的知识专栏

顺便说一下,人类的雅克布逊器官退化了,所以不会产生"裂唇嗅反应"。那就不会在别人面前做出奇怪的表情,所以退化也算是好事吧。

没用的知识又增加了

29

本来想过一会儿就去收拾房间，可随着时间一点点过去，又觉得好麻烦

为什么？

这是**艾米特法则**

经营顾问艾米特提出："拖延工作要付出的时间和精力，比迅速完成工作多一倍。"这就是"艾米特法则"。比如，一直拖着不去收拾房间，房间就会越来越乱。这样，不仅要花更多时间整理房间，可能要找的东西也找不到了。结果，问题越来越多，该做的事情也增加了。

第三章 ● 家庭篇

在备忘录上写下
"立马要做的事"吧。

把这个贴在墙上……
还是明天再做吧。

没用的知识专栏

改掉拖延症的诀窍在于，先大声宣言："我现在就要开始做！"然后告诉家人和朋友，这样就会因为骑虎难下而行动起来。

没用的知识又增加了 30

奶奶家日式房间的天花板上，木头的纹路看起来就像人的脸，好吓人

为什么？

这是**类像现象**

不光是天花板，无论在哪儿看到"∴"这样的三个点，只要一直盯着看，就能看到类似人脸的图像。这是人类的一种本能反应，被称为"类像现象"。三个点聚集在一起，摆出倒三角的形状，大脑就会倾向于将其认定为一张脸。这是因为人在看到他人或动物的脸时，如果能马上判断出对方是敌是友的话，生存的可能性会更高……这种说法似乎很有说服力。

第三章 ● 家庭篇

模仿星人，
你的肚子看起来
跟脸好像啊。

啥？
这就是脸啊。

没用的知识专栏

以前，鲤鱼头上浮现出人脸的"人面鱼"话题非常火，其实就是类像现象；还有所谓的灵异照片，也是由同样的原因造成的。

> 没用的知识又增加了
> **31**
> 和好久不见的亲戚见面时，他们总会说"一眨眼一年就过去了"
> 为什么？

这是**珍妮特法则**

也许我们感觉暑假快得一转眼就结束了，但其实大人感觉到的比我们更快。"人们感觉到的时间长短和年龄成反比"，这一理论被称为"珍妮特法则"，由哲学家珍妮特提出，经他的侄子——心理学家詹妮特发表。10岁时的一年是整个人生的十分之一，50岁的一年只占人生的五十分之一。也就是说，50岁的人感受到的一年要比10岁时感受到的一年快五倍。

第三章 ● 家庭篇

一到五岁，
一年就变快了。

我可真不想变老啊。

> 没用的知识专栏

如果用珍妮特法则来计算体感时间，100岁的人感受到的人生中间点大约是20岁，80岁的人则感觉是10岁。计算的人也被这个结果吓到了。

没用的知识又增加了

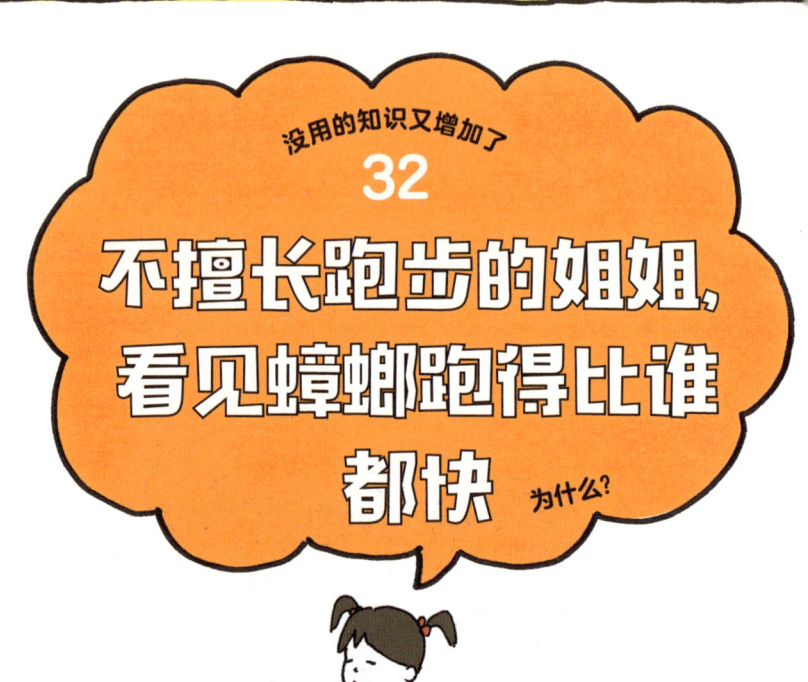

32

不擅长跑步的姐姐，看见蟑螂跑得比谁都快

为什么？

这是**火场怪力**

人类在遇到危险的时候，会爆发出平时无法想象的力量。这种现象已得到科学验证，被称为"火场怪力"。人类平时只能使出自身力量的 2~3 成，这是因为如果总是拿出 100% 的力量，容易造成肌肉损伤。姐姐也是为了快速逃离蟑螂这个"恐怖分子"，发挥出了平时不用的力量。

第三章 ● 家庭篇

> 这……
> 都是我干的？

> 你以后不许再喝酒了！

没用的知识专栏

据说，有人在家里着火的时候，抱着沉重的家具逃跑，"火场怪力"这一说法就来源于这个故事。

附加谜题 3

根据名字猜猜这是哪种现象吧!

Q5
晕轮效应

提示

晕轮就是光圈

A 对方的某个方面引人注目，从而影响人们对其他方面的判断

例如，有人义勇救人而闻名，但他将来为人后，人们往往会接受其"高尚"所感召，而忽略他的人缘的性格这一不好的部分。

Q6
温水煮青蛙现象

提示

这是商务用语

A 说不察觉，跟不上环境的变化

温水煮青蛙指，把青蛙放在冷水中，慢慢加热一下子跳脱出来了；但如果把它放入冷水中，慢慢加热，青蛙对水温变化的感知会迟钝，以至于煮熟还不挣扎，自己身体未察觉地，这一说法有待验证。

第四章
外出篇

没用的知识又增加了
33

看见"限时供应"的点心，不知不觉就会买下来

为什么？

这是**稀缺性原理**

实际上，"限时供应"是一种促销的技巧，利用的就是消费者那种"害怕之后买不到"的心理。这种"越是得不到的东西就越想要"的心理活动，被心理学家西奥迪尼称为"稀缺性原理"。"稀缺性"就是指商品数量少。小时候吃点不常见的点心就很满足了，但长大后可能会注重更珍贵的东西，所以，购物时请保持理性思考。

第四章 ● 外出篇

我可是很受欢迎的。
不快点行动
可就错过了。

现在的话，就还好。

没用的知识专栏

因为人气太高而很难买到的游戏机或者游戏软件，一旦得知买不到了，就会更加想要。这种心理活动是"稀缺性原理"的另一种表现形式。

没用的知识又增加了

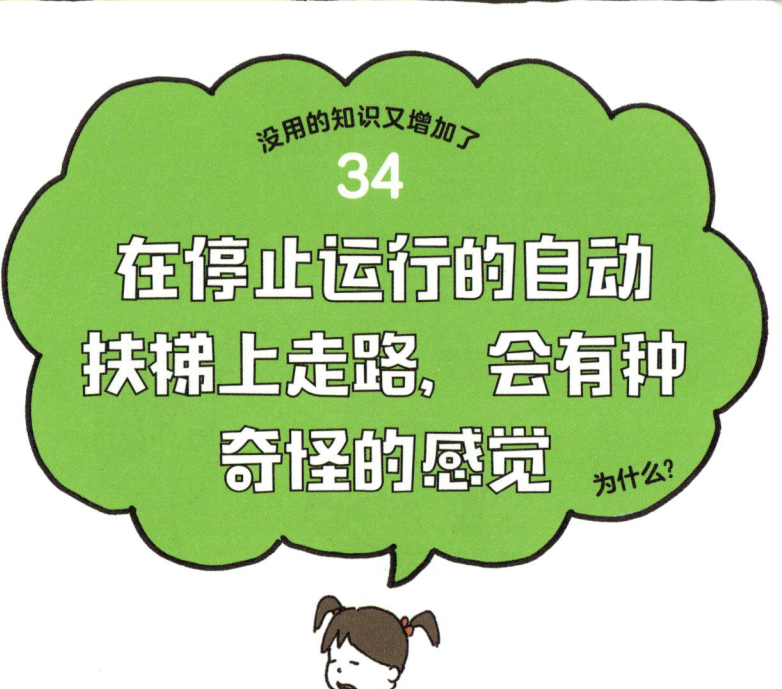

34

在停止运行的自动扶梯上走路，会有种奇怪的感觉

为什么？

这是**自动扶梯效应**

像走楼梯一样在静止的自动扶梯上行走时，你可能会觉得怪怪的。这在心理学上被称为"自动扶梯效应"。这是因为电梯虽然看上去停止了，但是大脑的潜意识还是会认为"自动扶梯是在移动的"。这种情况也会发生在静止的自动人行步道上。当你迈出第一步时，应该会感到有点眩晕。

第四章 ● 外出篇

竟然又被大脑欺骗了。

> **没用的知识专栏**

实验结果表明,"将普通楼梯的外观改成自动扶梯风格也会导致这种现象的出现"。大脑的臆想似乎非常顽固。

没用的知识又增加了
35

大家都有的游戏，自己也想要

为什么？

这是**乐队花车效应**

　　有些东西会因为很多人都拥有而更受欢迎，经济学家莱本斯坦将这一现象命名为"乐队花车效应"。一款游戏虽然不是自己特别想玩的，但如果班上的同学都有的话，就会突然想要，这是因为拥有这个游戏可以获得安心感和共享意识。不过，还是要分清自己到底需不需要那个游戏。

第四章 ● 外出篇

请问，这是排的什么队呀？　要债的。　喂!

没用的知识专栏

和"乐队花车效应"相反的是"劣势者效应"（见 56 页）。利用这两种效应给人们的心理带来影响，使其行为发生变化，就是所谓的"告示效应"。

没用的知识又增加了

36

某段音乐会在脑海里不断地播放，怎么也停不下来

为什么？

这是**耳朵蠕虫**

大家遇到过脑海中突然响起某段音乐久久不能停歇的情况吗？这种现象被称为"耳朵蠕虫"，目前还不清楚其出现的原因。但是，想要阻止"耳朵蠕虫"也有几种有效的方法，在此介绍一下。①嚼口香糖。②听其他音乐。③集中精力做其他事情。④反过来，让它在脑海中重复播放直到停止……怎么样？现在停了吗？

第四章 ● 外出篇

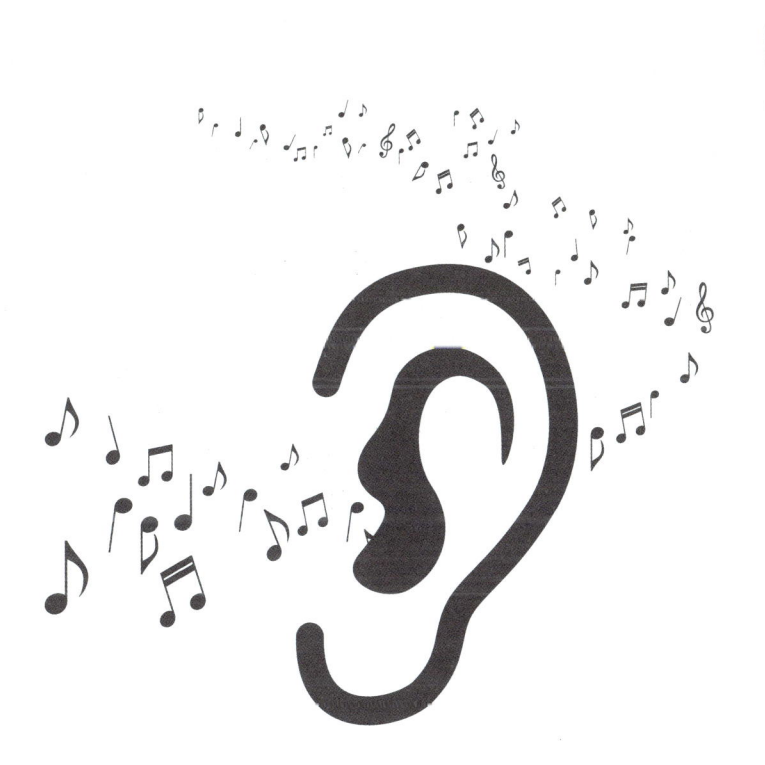

没用的知识专栏

"耳朵蠕虫"源自德语词汇 ohrwurm。ohr 是耳朵，wurm 是蠕虫，据说是因为蠕虫总赖在耳朵里不出来，所以创造出了这个词汇。

> 没用的知识又增加了
> **37**
>
> # 一到书店就想上厕所
>
> 为什么？

这是 青木麻里子现象

1985 年，日本读者青木麻里子在月刊《书的杂志》上发表了一篇文章，名为"一进书店就想上厕所的现象"，引起巨大反响。第二个月，该杂志将这种现象命名为"青木麻里子现象"。关于这一现象的原因，有说跟墨水的味道有关，有说是选书的时候紧张，等等，至今未有定论。不过，若是把自己观察到的现象发表出来，说不定就能出现以你的名字命名的现象，甚至还能成为全国讨论的话题呢。

第四章 ● 外出篇

> 厕所在这边哟!
>
> 有关厕所的书 展览
>
> 哎呀,不是你想的那样……

没用的知识专栏

对于"青木麻里子现象"的看法,医生之间也有分歧。有的认为"不能将其视为一种疾病",有的认为"这也许是某种疾病的症状之一"。

没用的知识又增加了
38

迷路的时候，就算周围再吵，也能清楚地听见父母的呼唤

为什么？

这是鸡尾酒会效应

休息时间大家闹哄哄的，但你却能清楚地听到别人叫自己的名字。心理学家谢里把这种现象称为"鸡尾酒会效应"。即使是有意不去听的对话，也会不自觉地听到，如果知道这是和自己有关的话题，就会将注意力集中在那里。这种无意识的力量虽然很强大，但是也要注意不要迷路哟。

第四章 ● 外出篇

刚才说

秃顶的是谁!!

没用的知识专栏

"鸡尾酒会"是指提供鸡尾酒等酒类的宴会。什么时候我也能在那种宴会上被人叫一下名字呢?

没用的知识又增加了

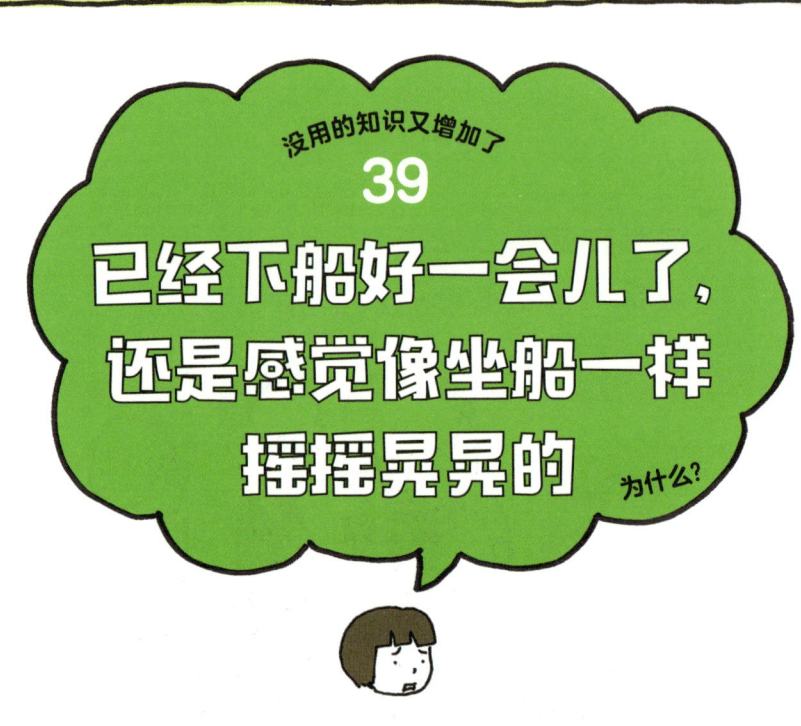

39

已经下船好一会儿了，还是感觉像坐船一样摇摇晃晃的

为什么?

这是**陆地晕船症**

坐了很长时间的船后，即使回到陆地上，也感觉身体还在摇摇晃晃。这种现象被称为"陆地晕船症"。一般来说，人在习惯了摇晃的环境后，回到不摇晃的地方时，身体不能马上适应，因而出现了这种情况。但也不用担心，这不是生病，过一会儿就好了。不过这种状态下很容易摔倒，所以下船后要慢慢走呀。

第四章 ● 外出篇

是我在晃吗？
还是地面在晃？
我分不清了……

没用的知识专栏

明明没有地震却感觉到周围在摇晃，这种现象叫作"地震性头晕"。这可能是因为大脑的整理功能有所下降，无法将地震时的强烈震感整理合成为大脑可以记忆的感觉信息，也可能是因为压力。

没用的知识又增加了

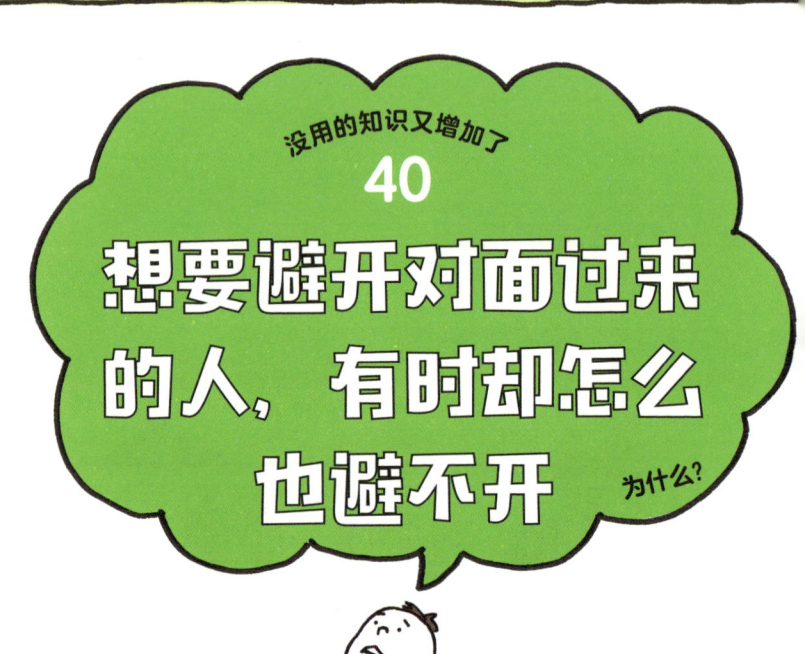

40

想要避开对面过来的人，有时却怎么也避不开

为什么?

这是连续回避本能

这种现象被称为"连续回避本能"。在学校走廊里想避开迎面走来的人，巧的是对方也朝同一个方向躲避。然后，两个人又本能地躲向另一边，经过几番避让，双方差点儿撞上，反而弄得很尴尬。这时，不要生气地说"你搞什么鬼呀？"，彼此笑一笑的话，也许能成为朋友呢。

第四章 ● 外出篇

部长,
那是镜子啊!

啊哈哈哈哈! 是呢。

没用的知识专栏

在这种情况下,最好就是向同一个方向再避让一次。但是,如果对方也懂这个道理的话,那就停下来让对方先走,这样可能会比较好。

没用的知识又增加了
41

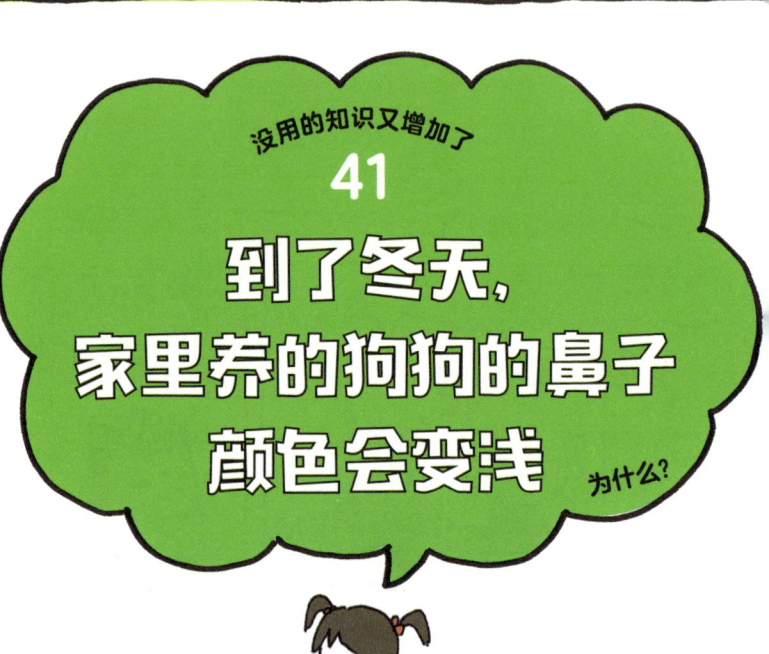

到了冬天，家里养的狗狗的鼻子颜色会变浅

为什么？

这是**雪鼻**

  黄色的拉布拉多猎犬等毛色浅的狗经常出现"雪鼻"现象。有人认为，这可能是由于冬天光照时间变短，紫外线不足，动物皮肤表面的黑色素不足等因素叠加引起的，但其确切原因还不明确。不过，到了春天，随着光照时间的增加，鼻子的颜色就会逐渐恢复过来，所以不用太担心。

第四章 ● 外出篇

没用的知识专栏

到了冬天,原本黑色的狗鼻子会变成粉红色的雪鼻,这一现象又被称为"冬季鼻子"。

没用的知识又增加了

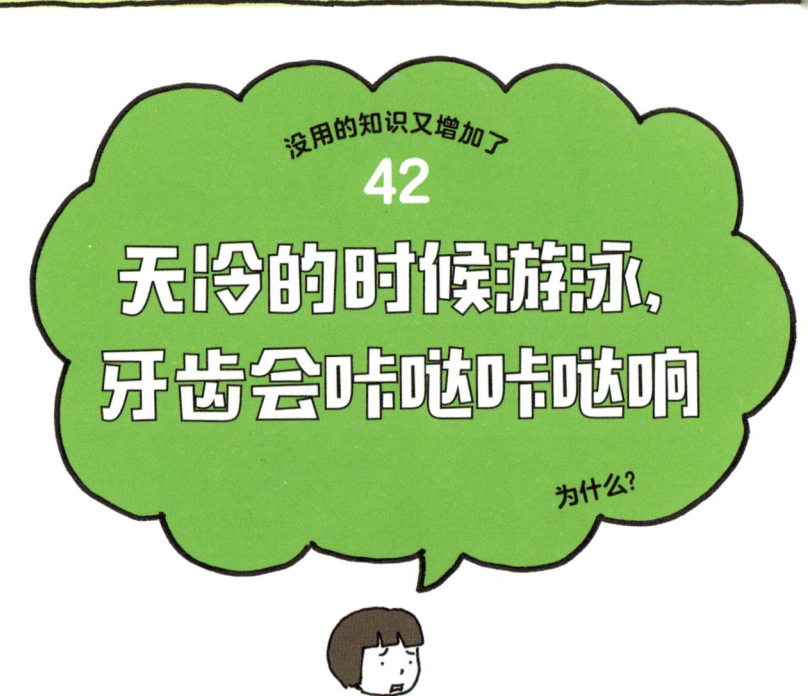

42

天冷的时候游泳，牙齿会咔哒咔哒响

为什么？

这是**打战**

在寒冷的地方，身体会不由自主地微微颤抖，牙齿也会咔哒咔哒作响。这种与主观意志无关的现象被称为"打战"。即使是夏天，也会在进泳池的瞬间出现这种现象。人类有一个"正常体温"，那是抑制病毒在体内生长的最佳温度。因此，体温一下降，肌肉就会小幅度地抖动起来，以产生热量来御寒。

第四章 ● 外出篇

快看快看，我牙齿正咔哒咔哒响呢！

人们很喜欢这么向朋友报告。

> 没用的知识专栏

在寒冷的冬天，上完厕所后会突然一个激灵，这也是"打战"。

没用的知识又增加了

43

露营的时候,阳光从林间的缝隙照下来,能看见光的通路

为什么?

这是**丁达尔效应**

这种现象是物理学家丁达尔首先研究发现的,所以被称为"丁达尔效应"。光如果照射在有小粒子(雾气或灰尘)飘浮的地方,就会被这些粒子散射向与光路不同的方向,这时就能看到光的通路了。不过,即使是在森林的同一个地方,如果不具备晨雾密布等条件,也看不见光的通路。

第四章 ● 外出篇

没用的知识专栏

太阳隐匿在云后时，会从云层缝隙间透出一束光照射到地上，这种云隙光也属于"丁达尔效应"，有时也被称为"上帝之梯"。

93

没用的知识又增加了

44

特意跑去买闪卡，种类非常丰富，结果却没买到

为什么？

这是选择困难症/选择恐惧症

在一项实验中，分别设置试吃24种果酱和6种果酱的促销活动，比较最终的销售成绩，结果显示试吃24种果酱的活动销售成绩并不好。我们总觉得选择越多越好，但其实选择过多的话，人们反而会难以抉择。这种现象在行为经济学中有个术语，叫作"选择恐惧症"。闪卡的种类越多，你就越有可能疲于选择，最终反而选不出来。

第四章 ● 外出篇

我到现在还没结婚，是因为追求我的人太多了吗？

没错。就是这么回事儿。

没用的知识专栏

还有心理学家专门研究最合适的选项数量，有人认为 5~7 个比较合适，也有人认为 3~5 个比较好，但至今还没有定论。

没用的知识又增加了

45

总觉得游乐场和商场里的小丑有点儿吓人

为什么?

这是 小丑恐惧症

　　小丑原本是大人做鬼脸来逗孩子开心的。但是近年来,越来越多的电视剧或者电影都将小丑作为恐怖的对象呈现出来,害怕小丑的人也就越来越多了。这被称为"小丑恐惧症"。小丑的脸涂得很白,表情也是僵硬的,看起来像人又不像人,一下就唤起了人们内心的恐惧心理。日本的一些人偶让人感到害怕也是一样的道理。

第四章 ● 外出篇

不早点儿睡觉的话，
小丑就来了！

没用的知识专栏

脸上有泪痕的小丑被称为皮埃罗，他们虽然让观众笑了，但心底却是悲伤的，这也就是泪痕所包含的深长意味。

没用的知识又增加了

46

做家务赚到的零花钱会特别珍惜，但压岁钱就会马上花掉

为什么？

这是**心理账户**

　　帮忙做家务赚到的 1000 日元和压岁钱中的 1000 日元相比，虽然金额一样，但会认为努力赚来的钱更重要。这在行为经济学中被称为"心理账户"。虽然金额是一样的，但我们会在心里区分金钱的价值。为什么会出现这种行为呢？这是因为把"可以花的钱"和"可以存的钱"分开考虑的话，大脑会更容易处理信息。

第四章 ● 外出篇

偏偏在约会的
时候没有钱，
对吧——

没用的知识专栏

有句俗语叫作"不义之财，理无久享"。"不义之财"就是指"不需要自己付出努力就能得到的钱"，这样的钱通常会用在没有意义的事情上……

附加谜题 4

根据名字猜猜这是哪种现象吧！

Q7
埃默特定律

提示

一直盯着自己的影子看，然后抬头看天空时会出现巨大的影子

A 就是"残影"哟

在天气晴朗的时候，如果你盯着自己的影子看一会儿，然后抬头看天空时，就会看到跟自己相似的巨大的影子。

Q8
水锤作用

提示

就是和水有关的现象哟。

A 关水龙头的时候，会听到"咚"的一声

把水龙头关到底时，会"咚"的一下子停下来。就会听到"咚"的一声。这可能是因为测水流受到猛烈的冲击所造成的，所以跟水龙头的使用有很大的关系，听到这种声音就要尽早地进行检修。

第五章
身体篇

没用的知识又增加了

47

感冒的时候喝点蔬菜汁会觉得特别治愈

为什么?

这是**安慰剂效应**

即使某种药里没有加入任何能治病的有效成分,只要告诉病人"这能治病",喝了也常常会有不错的效果。这种现象被称为"安慰剂效应",只要心里相信,就可能得到原本没有的效果。相反,有的药物明明对疾病有效,却因为认定其"无效",喝了也没治好病,这被称为"逆向安慰剂效应"。所以,喝药的时候还是相信药能治好病比较好啊!

第五章 身体篇

没用的知识专栏

有的公司瞄准"安慰剂效应",专门制作"安慰剂"来销售。不过,因为这本来就不是真正的药,所以只能被当作食品来销售。

没用的知识又增加了

48

短跑快的人，长跑通常比较慢

为什么？

这是**快肌纤维多**

人体的骨骼肌大致可以分为"快肌纤维"和"慢肌纤维"。快肌纤维在类似短跑这种需要短时间发挥巨大力量的运动中使用，慢肌纤维则用于长跑之类需要长时间发力的运动。这两种肌纤维在肌肉中所占的比例从出生起就已经决定了，几乎不可能通过训练等方式发生大幅改变（但据说还是可以锻炼的）。你是属于"快肌纤维"多的人吗？

第五章 ● 身体篇

这个，我，
我不是累了……
我只是，
快肌纤维少……
罢了。

没用的知识专栏

快肌纤维看起来是白色的，所以被称为"白肌"，慢肌纤维看起来是红色的，所以被称为"红肌"。另外，还有介于两者之间的"粉红肌"。

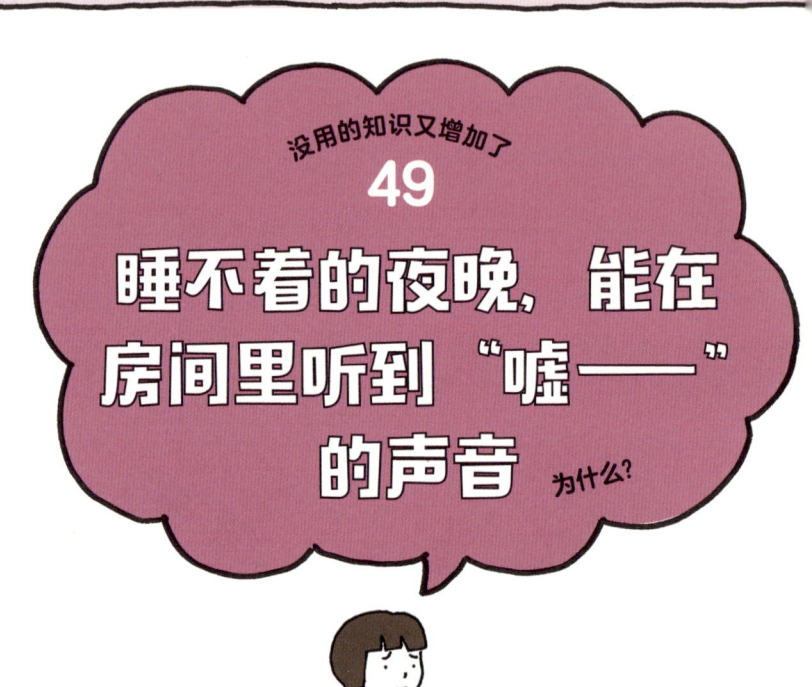

> 没用的知识又增加了
> **49**
>
> 睡不着的夜晚，能在房间里听到"嘘——"的声音
>
> 为什么？

这是**舞蹈细胞的声音**

其实就是耳朵里接收声音的听力毛细胞在活动时发出的声音。这种细胞动起来就好像在跳舞，因此又被称为"舞蹈细胞"。有声音的时候，耳朵里的感觉器官会随着听到的声音晃动，如果声音很小的话晃动的幅度也会很小，就不能很好地捕捉到声音。舞蹈细胞为了将微小的晃动放大并传递给大脑，时刻都在活动着做好准备。因此，在安静的房间里，能听到耳朵里的舞蹈细胞活动的声音。

第五章 ● 身体篇

谁是
舞蹈细胞呢？

嘘——

没用的知识专栏

舞蹈细胞 1 秒钟可以运动 2 万次，这都要归功于一种叫作"加压素"的超高速运动的蛋白质。

没用的知识又增加了

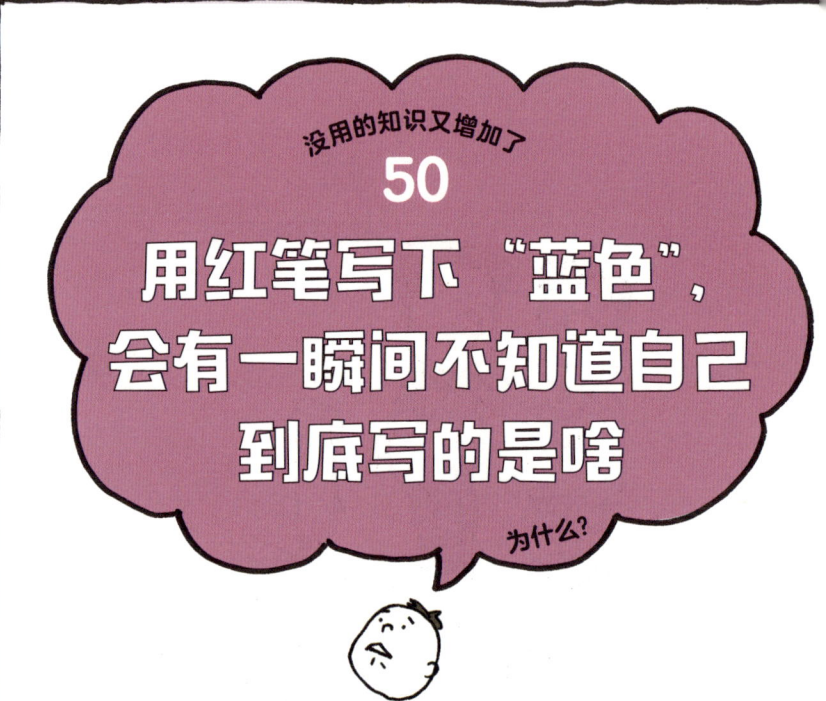

50

用红笔写下"蓝色"，会有一瞬间不知道自己到底写的是啥

为什么?

这是斯特鲁普效应

用红笔写下文字"蓝色"，然后问朋友"这是用什么颜色的笔写的"？他一般会回答"蓝色"，或者要花点时间才能说出正确答案。这就是"斯特鲁普效应"，是以发现该现象的心理学家名字命名的。人们几乎都会下意识地去提取字所表达的意思，要无视字义，只把注意力集中在颜色上是非常困难的，这会让人感到压力。

第五章 ● 身体篇

问题：这是用什么颜色写的？

蓝色

答案：红色

问题：下面写的是什么？

红色

答案：红色

没用的知识专栏

左边的例子是说出文字的颜色，如果要说出用蓝笔写的文字"红色"，也要花上一点时间。这叫作"逆斯特鲁普效应"。

没用的知识又增加了
51
一口气吃完刨冰会头疼

为什么?

这是**冰激凌头痛**

虽然听起来像是骗人，但这可是医学书上记载的正确名称哟。关于原因，目前有两种说法。一说，吃了冰冷的食物之后，嘴巴里会一下子变冷，为了温暖喉咙深处，大脑的血管会迅速扩张，引起暂时性炎症。二说，将口腔和喉咙的刺激传递给大脑的三叉神经，因为突然受凉而紊乱，错把冷的感觉当成疼了。不管怎么说，慢慢吃的话就不太会引起头痛啦。

第五章 身体篇

请在草莓牛奶里
加上糯米团子和
头疼药。

没用的知识专栏

如果出现冰激凌头痛，听说用冰块冰一下额头就能止痛。如果没有冰块的话，也可以用冰镇的饮料试一试。

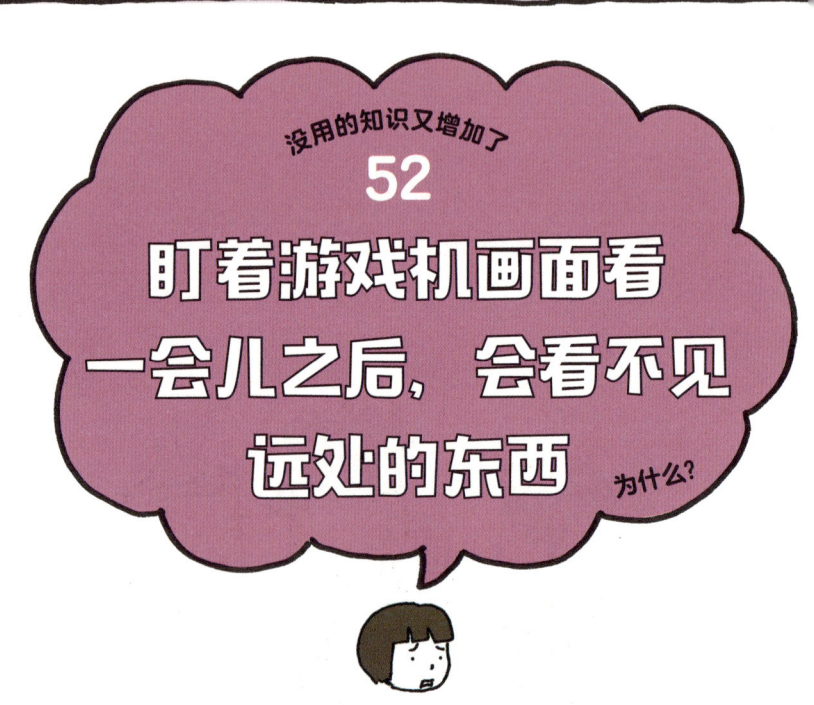

没用的知识又增加了
52
盯着游戏机画面看一会儿之后，会看不见远处的东西

为什么?

这是**眼睛失焦现象**

　　长时间盯着游戏机或者平板电脑的画面后再向远处看，看到的风景是模糊的。这叫作"眼睛失焦现象"，是由于眼部肌肉僵硬，无法应对突然的远视动作引起的。眼部的肌肉在看近处的东西时最常使用，长时间看近处就会疲劳。所以玩游戏要定好时间，时不时地休息一下。

第五章 ● 身体篇

没用的知识专栏

不要等到"眼睛失焦现象"出现了才休息,最好是一小时左右就休息一次。在眼睛疲劳之前休息,这对眼睛的健康非常重要。

没用的知识又增加了

53

胳膊肘磕到桌子上，会麻酥酥的

为什么?

这是**尺神经**

　　胳膊肘的骨头内侧有一块稍微突出来的骨头。这块骨头附近的皮肤下面有一种叫作尺神经的大神经。因为尺神经在骨头和肌肉保护不到的地方，所以磕到桌子的时候刺激会直接传达给神经，就会像过电一样麻酥酥的。这个尺神经也被称为"麻筋儿"，想想还是挺贴切的。

第五章 ● 身体篇

没用的知识专栏

尺神经的酥麻感是神经麻痹引起的，蹲着的时候脚部的酥麻感也是因为神经麻痹。这么一说，这两种酥麻感是不是很像？

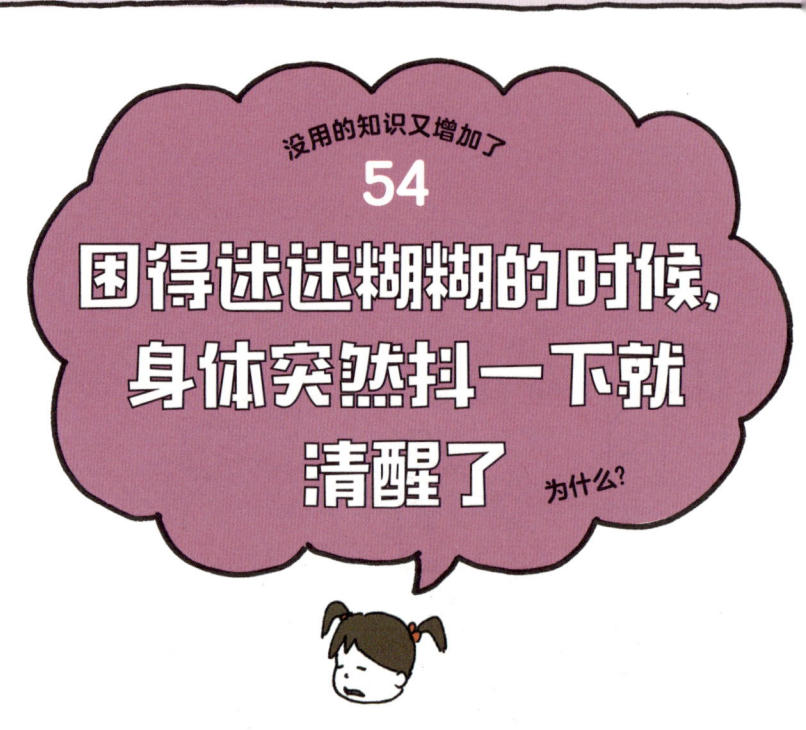

没用的知识又增加了
54
困得迷迷糊糊的时候，身体突然抖一下就清醒了

为什么？

这是**睡眠惊跳**

强忍着困意，或者熬夜到很晚，在迷迷糊糊要睡着的时候，会因为脚或者胳膊的肌肉痉挛而醒过来。这种现象被称为"睡眠惊跳"，它与自己的意志无关，是身体下意识活动的结果。一般而言，睡觉姿势奇怪，或者筋疲力尽后入睡容易出现这种现象。这是因为大脑分不清梦境与现实，向身体发出了错误的指令。

第五章 ● 身体篇

没用的知识专栏

"睡眠惊跳"又名"睡眠痉挛"。在梦中,误以为自己从高处掉下来,其实也是因为这个原因。

没用的知识又增加了
55

咬锡箔纸的时候，牙齿会痛

为什么？

这是**伽伐尼电流**

因为蛀牙而在牙齿上填充过金属的人，在咬锡箔纸的时候，唾液会把两种不同的金属连接起来，从而产生微弱的电流。这种电流被称为"伽伐尼电流"。口腔中产生"伽伐尼电流"的时候，大脑将这种电流理解为疼痛，所以会感觉牙疼。不过，嘴里没有填充金属的人是体验不到这种现象的，即使向他们解释这种感觉，他们也不会理解。

第五章 ● 身体篇

那咱们就开动吧！
这是客人专用锡箔哟！

哇哦——

没用的知识专栏

"伽伐尼电流"产生的原理与电池组的原理相同，当活泼性强的金属通过唾液（电解质溶液）与活泼性弱的金属接触时，就会变成电极并通电。

没用的知识又增加了
56

左边的鼻塞治好了，右边的鼻子又开始堵了

为什么？

这是**鼻周期**

正常情况下，鼻子每隔 2~7 小时会左右交替休息。鼻黏膜会通过反复膨胀和收缩，来进行活动或者休息。这被称为"鼻周期（交替性闭鼻）"。让其中一个鼻孔休息，可以降低呼吸时的能量消耗，保持嗅觉敏锐，还能防止病毒和细菌的入侵。如果一侧的鼻子堵住了，可以认为是它在休息。

第五章 ● 身体篇

你猜，
现在是哪个鼻孔堵住了？
左边，还是右边？

不知道。

没用的知识专栏

夜间侧卧时，位于下方的鼻腔受压力或重力影响更大，容易充血出现轻度鼻塞。鼻周期就会让我们在睡梦中不自觉地翻身，避免单侧鼻腔承受压力或重力时间过长。

图书在版编目（CIP）数据

没用的知识又增加了 / 日本不思议现象研究会著；
(日) 吉竹伸介绘；张悦译. -- 北京：中信出版社，
2023.2（2025.3重印）
ISBN 978-7-5217-4747-8

Ⅰ.①没… Ⅱ.①日…②吉…③张… Ⅲ.①科学知识 - 少儿读物 Ⅳ.① Z228.1

中国版本图书馆 CIP 数据核字 (2022) 第 167423 号

Otona mo shiranai? Fushigi genshō jiten by "fushigi genshō" kenkyu kai Copyright 2021 micro fish
Original Japanese edition published by MICRO MAGAZINE, INC. All rights reserved.
Chinese (in Simplified character only) translation rights arranged with MICRO MAGAZINE, INC.
through Bardon-Chinese Media Agency, Taipei.
Simplified Chinese translation copyright © 2023 by CITIC Press Corporation
ALL RIGHTS RESERVED
本书仅限中国大陆地区发行销售

没用的知识又增加了

著　　者：日本不思议现象研究会
绘　　者：[日] 吉竹伸介
译　　者：张悦
出版发行：中信出版集团股份有限公司
　　　　　（北京市朝阳区东三环北路27号嘉铭中心　邮编　100020）
承　印　者：北京瑞禾彩色印刷有限公司

开　　本：787mm×1092mm　1/32　　印　　张：4　　字　　数：85千字
版　　次：2023年2月第1版　　　　　　印　　次：2025年3月第5次印刷
京权图字：01-2022-6415
书　　号：ISBN 978-7-5217-4747-8
定　　价：42.00元

出　　品：中信儿童书店
图书策划：如果童书
策划编辑：晏璐婷
责任编辑：安虹　　　营销：姚梦云　潘琳
封面设计：李然　　　内文排版：杨兴艳

版权所有·侵权必究
如有印刷、装订问题，本公司负责调换。
服务热线：400-600-8099
投稿邮箱：author@citicpub.com

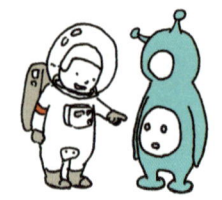